TIERE SCHAUEN DICH AN

Tiere im Wald

Hannah Kate Sackett

Illustrationen von Martin Camm

Aus dem Englischen von Ingrid Ickler

Patmos

In der Reihe Tiere schauen dich an ist bei Patmos außerdem erschienen:
Tiere in Eis und Schnee
Tiere am Wasser
Tiere bei Nacht

Hannah Kate Sackett (Text)
Martin Camm (Bilder)
Tiere schauen dich an
Tiere im Wald
Aus dem Englischen von Ingrid Ickler

Created and produced by Firecrest Books, Ltd in association with Martin Camm
and Hannah Sackett as *Animal Faces In the Forest*

Art Director und Projektleitung: Peter Sackett
Lektorat der Originalausgabe: Norman Barrett
Layout und Gestaltung: Phil Jacobs
Umschlaggestaltung: Heike Ossenkop pinxit, CH-Basel
unter Verwendung einer Illustration von Martin Camm

Bibliografische Information der Deutschen Bibliothek
Die Deutsche Bibliothek verzeichnet diese Publikation in der Deutschen
Nationalbibliografie; detaillierte bibliografische Daten sind im Internet
über http://dnb.ddb.de abrufbar.

Printed in Dubai
ISBN 3-491-42020-2
www.patmos.de

Inhalt

Hirschkäfer

Ganz unten auf dem Waldboden, unter Blättern und Zweigen, lebt der Hirschkäfer. Seinen Namen verdankt er den langen Zangen des Männchens, die wie ein Hirschgeweih aussehen. Mit ihnen kämpfen die Männchen gegeneinander. Manchmal sind die Zangen genauso lang wie der gesamte Körper des Männchens. Die Zangen der Weibchen sind zwar kleiner, dafür aber kräftiger.

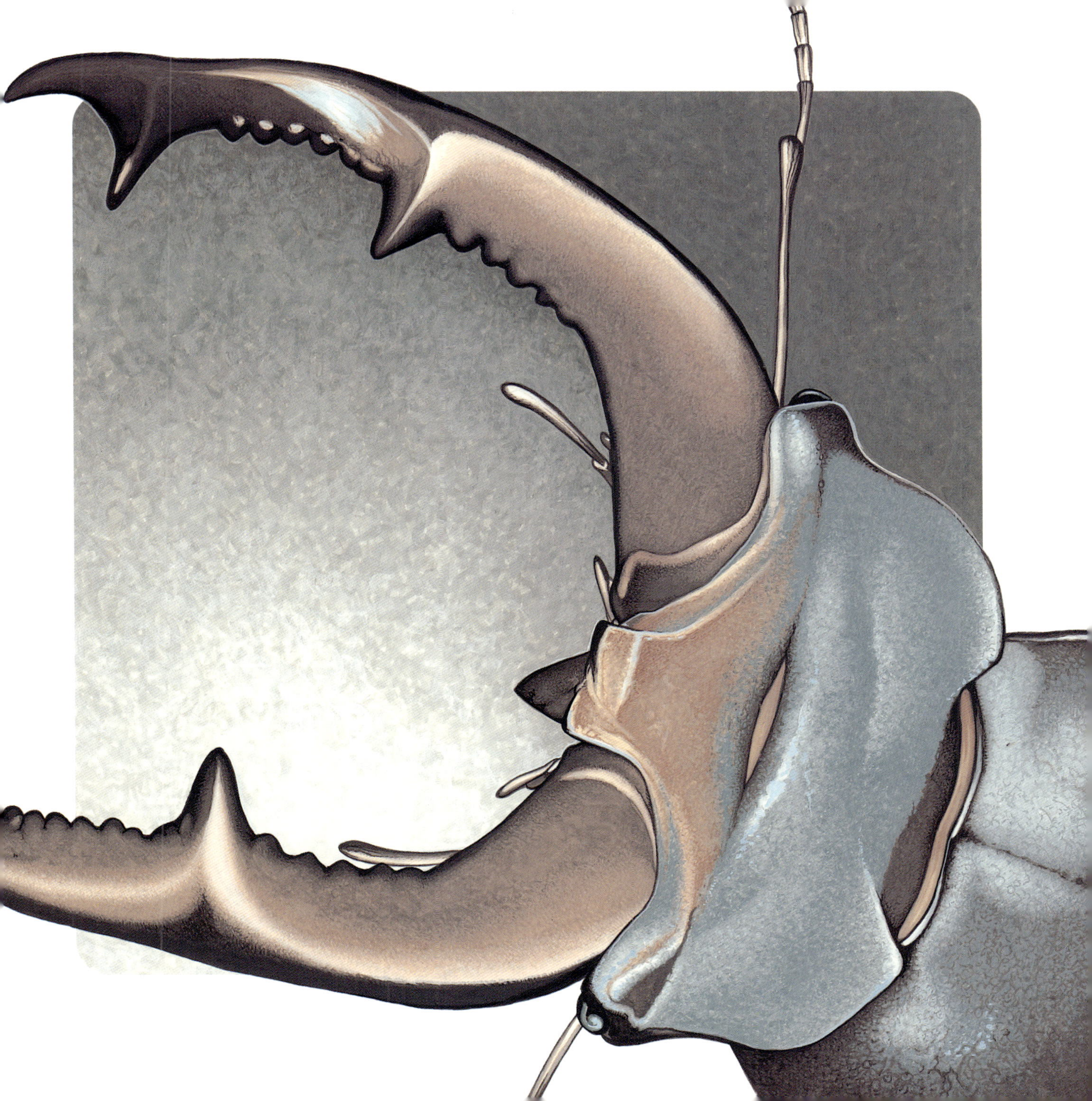

Wildschwein

Mit ihren langen, flachen Schnauzen wühlen die Wildschweine im Waldboden nach leckeren Wurzeln und Knollen und nach Insekten. Bei Gefahr verteidigen sich die Männchen mit zwei spitzen Eckzähnen, die man Hauer nennt. Mit ihnen können sie ihren Feinden gefährliche Wunden zufügen. Weibchen und Jungtiere dagegen haben keine Hauer.

Körper und Gesicht der Jungen haben Streifen. So kann man sie in der Dämmerung schlecht erkennen und sie sind vor Feinden geschützt.

Dachs

Ein anderer Waldbewohner, der seine Nahrung am Boden findet, ist der Dachs. Mit seiner spitzen Schnauze sucht er unter der Erde und zwischen Blättern nach Würmern und Wurzeln. Seine scharfen Zähne benutzt er aber nicht nur zum Fressen, sie dienen ihm auch als Waffen gegen seine Feinde. Oft greifen Männchen andere Dachse an, die nicht zu ihrer Familie gehören, und beißen sie in den Schwanz. Den Dachs erkennt man leicht an seinem schwarz-weiß gestreiften Gesicht.

Waschbär

Auch Waschbären haben eine spitze Schnauze, runde Ohren und schwarze Flecke um die Augen, sodass sie aussehen, als hätten sie eine Maske auf. Waschbärkinder bekommen diese Maske erst mit zehn Tagen, wenn ihr Fell zu wachsen beginnt. Die Waschbärmütter halten die Neugeborenen mit ihren Zähnen am Rückenfell fest und tragen sie so mit sich herum. So vorsichtig behandeln sie auch die Eier, die sie den Vögeln aus den Nestern stehlen und besonders gerne fressen.

Luchs

Luchse lauern ihrer Beute im Unterholz auf. Ist das Beutetier nahe genug, greift der Luchs an und tötet es mit einem Biss in den Nacken. Bei der Jagd hilft ihm auch sein scharfes Gehör. Ein Luchs kann sogar große Tiere, wie Elche und Rentiere, erlegen. An den Ohren wachsen den Luchsen Haarbüschel, die wie Pinsel nach oben stehen. Außerdem haben sie rechts und links der Schnauze lange Barthaare.

Schwarzbär

Mit seinen langen, scharfen Eckzähnen frisst der Schwarzbär nicht nur kleine Tiere, sondern auch Nüsse, Eicheln, Früchte und Honig. Dabei helfen ihm seine lange Zunge und seine weichen Lippen, mit denen er selbst kleinste Beeren pflücken kann. Bei der Suche nach Nahrung verlässt sich der Bär vor allem auf seine scharfen Ohren und seine feine Nase und weniger auf seine kleinen Augen, mit denen er nur schlecht sehen kann. Schwarzbären stellen sich oft auf ihre Hinterbeine und strecken die Nase in die Luft um etwas Fressbares zu erschnüffeln.

Wolf

Anders als der Bär kann der Wolf nicht nur sehr gut riechen und hören, sondern auch noch gut sehen. Das macht ihn zu einem gefährlichen Jäger. Im Inneren seiner Augen hat der Wolf eine Schicht, die wie ein Spiegel funktioniert. Fällt im Dunkeln Licht auf seine Augen, strahlt es wieder nach außen zurück. Daher kann der Wolf auch nachts sehr gut sehen. Die vielen kleinen Knochen in der Wolfsnase sind so angeordnet, dass er Beutetiere über einen Kilometer weit riechen kann. Mit seinen vier scharfen Fangzähnen packt und erlegt der Wolf seine Beute.

Biber

An Flüssen, Bächen und Seen ist ein weiterer Waldbewohner zu Hause, der für seine besonders scharfen Zähne bekannt ist. Die vier Schneidezähne des Bibers sind mit einer harten Schutzschicht überzogen, sodass er sogar Bäume fällen und Äste abnagen kann. Ohne Bäume könnten Biber nicht überleben, da sie sich nur von Blättern, Baumrinde, Zweigen und Wurzeln ernähren und die Äste für den Bau ihrer Biberburgen brauchen. Die Augen der Biber werden von einem durchsichtigen Augenlid geschützt, wodurch sie auch unter Wasser gut sehen können.

Elch

Sümpfe und Moorgebiete im Wald sind auch die Heimat vieler anderer Tiere. Dort lebt auch der Elch. Während der Sommermonate kann man die Elche dabei beobachten, wie sie ihre Köpfe ins Wasser halten, um nach leckeren Wasserpflanzen Ausschau zu halten. Besonders auffällig sind ihre großen Nasen und ein Hautlappen, auch Glocke genannt, der von ihrem Hals herabhängt. Die männlichen Elche haben außerdem ein gewaltiges Geweih, mit dem sie im Herbst um die Weibchen kämpfen.

Waldameise

Im Unterschied zu den meisten anderen Tieren haben die Waldameisen Kiefer, die nicht auf und zu, sondern nach rechts und links geklappt werden können. Ameisen greifen so wie mit einer Zange nach Nahrung, die sie dann in ihren Bau schleppen. Außerdem können sie damit auch Rinde und Blätter zerkleinern. Waldameisen transportieren Unmengen von Blättern über den Boden, um damit Ameisenhaufen, ihre Nester, zu bauen. An der Kopfvorderseite haben Ameisen zwei Fühler, die sie zum Sehen, Hören, Tasten und Fühlen brauchen.

Baumfrosch

Der Baumfrosch sitzt versteckt zwischen den Blättern von Bäumen und Sträuchern und wartet auf vorbeifliegende Insekten, die er mit seiner langen, klebrigen Zunge fängt. Auf den Waldboden wagt er sich nur selten. Von jedem Nasenloch des Baumfroschs führt ein dunkler Streifen über seinen ganzen Körper. Durch diese Streifen ist er im Laub gut getarnt. Die Baumfroschweibchen haben eine weiße Kehle, die Kehle der Männchen ist dunkler. Die großen Augen des Baumfroschs sind stets nach vorne gerichtet. So kann er Entfernungen genau abschätzen, wenn er von Ast zu Ast springt oder Insekten fängt.

Specht

Hoch oben in den Wipfeln der Waldbäume lebt der Specht. Mit seinem langen, scharfen und sehr kräftigen Schnabel hackt er Löcher in den Baumstamm, um sich darin sein Nest zu bauen oder um unter der Baumrinde nach Nahrung zu suchen. Außerdem klopft er mit dem Schnabel auf hohle Baumstämme oder Äste. Wissenschaftler glauben, dass Spechte auf diese Weise anderen Vögeln Nachrichten übermitteln. Besondere Muskeln im Gesicht des Spechtes sorgen dafür, dass ihm das starke Klopfen nicht wehtut.

Fichtenkreuzschnabel

Hoch in den Baumwipfeln bauen auch die Fichtenkreuzschnäbel ihre Nester. Diese kleinen Vögel verdanken ihren Namen den über Kreuz liegenden Schnabelspitzen, mit denen sie an ihre Lieblingsmahlzeit herankommen: Samen aus Fichtenzapfen. Diese Leckereien liegen zwischen den Schuppen jedes Zapfens. Nur mit einem besonders geformten Schnabel können die Samen herausgelöst werden. Ganze Scharen von Fichtenkreuzschnäbeln lassen sich häufig auf einem einzigen Baum nieder um sich dann über seine Zapfen herzumachen.

Wenn du mehr wissen willst

Die Tiere aus diesem Buch leben in den Wäldern der Nordhalbkugel unserer Erde. Die Bilder haben dir gezeigt, wie sie ihre Schnauzen, ihre Schnäbel und ihre Sinne benutzen, um im Wald zu überleben. In diesem Teil des Buches erfährst du noch mehr über diese Tiere: Wo sie leben, mit wem sie verwandt sind, wovon sie sich ernähren und wer ihre größten Feinde sind.
Vom Hirschkäfer, der am Waldboden lebt, bis zum Fichtenkreuzschnabel, der über die Baumwipfel fliegt: Hier lernst du sie noch näher kennen.

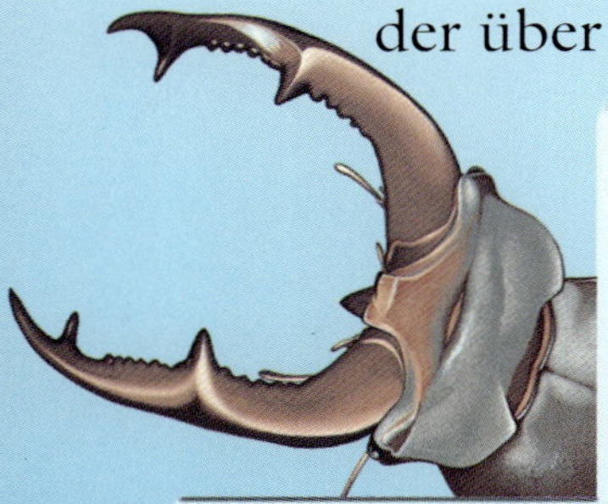

Hirschkäfer

Familie: Es gibt mehr als tausend Hirschkäferarten.

Hier leben sie: Besonders große Hirschkäfer leben in Nordamerika.

Größe: Bis zu zehn Zentimeter lang.

Besonderheiten: Die Weibchen legen ihre Eier in morschem Holz ab, wovon sich die heranwachsenden Larven ernähren.

Wildschwein

Familie: Das Wildschwein gehört zu den Schweinen.

Hier leben sie: Europa, Asien und Nordafrika.

Davon ernähren sie sich: Wurzeln, Früchte, Eicheln, Eier, Mäuse, Würmer und Käfer.

Größe: Wildschweine werden über eineinhalb Meter lang, die Männchen über zweihundert Kilogramm schwer.

Feinde: Sie sind ein beliebtes Ziel von Jägern.

Dachs

Familie: Dachse gehören zu den Mardern, wie auch Otter, Stinktiere und Nerze.

Dachsarten: Amerikanischer Dachs, Europäischer Dachs und Schweinsdachs.

Hier leben sie: Nordasien, Europa und Nordamerika.

Davon ernähren sie sich: Nüsse, Früchte, Regenwürmer und andere kleine Tiere.

Größe: Sie werden bis zu neunzig Zentimeter lang.

Waschbär
Familie: Zu den Waschbären gehören auch Katzenfretts und Nasenbären.
Hier leben sie: Hauptsächlich in Nord- und Südamerika.
Ihre Größe: Sie werden bis zu sechzig Zentimeter lang.
Davon ernähren sie sich: Früchte, Nüsse, Flusskrebse, Insekten, Vogeleier.
Feinde: Die Jagd auf Waschbären ist ein Sport, außerdem ist ihr Fell begehrt.

Luchs
Familie: Der Luchs gehört zu den Wildkatzen.
Verschiedene Arten: Kanadischer, Europäischer und Iberischer Luchs.
Davon ernähren sie sich: Rentiere, Elche, Feldhasen, Vögel, Schafe und Fische.
Größe: Sie werden über einen Meter lang, ihr Schwanz ist eher kurz.

Schwarzbär
Familie: Der Schwarzbär gehört zu den Bären.
Andere Bären: Braunbären, Eisbären und Kragenbären.
Davon ernähren sie sich: Eicheln, Nüsse, Früchte, Honig, Fische und kleine Säugetiere.
Besonderheiten: Einige Schwarzbären haben braunes, graues oder sogar weißes Fell.

Wolf
Familie: Der Wolf gehört zu den Hunden.
Andere Wolfsarten: Grauwolf, Tundrawolf, Rotwolf.
Hier leben sie: In abgelegenen Gegenden Nordamerikas, Europas und Asiens.
Davon ernähren sie sich: Karibus, Rentiere und Elche.
Besonderheiten: Wölfe leben und jagen in Gruppen zusammen, die man Rudel nennt.

Biber
Familie: Biber gehören zu den größten Vertretern der Nagetiere.
Andere Nager: Mäuse, Ratten, Eichhörnchen, Präriehunde, Stachelschweine.
Hier leben sie: Nordamerika, Asien und Europa.
Größe: Achtzig Zentimeter lang, siebenundzwanzig Kilogramm schwer.
Besonderheiten: Ihre Schneidezähne hören ihr ganzes Leben nicht auf zu wachsen.

Elch
Familie: Elche sind die größten Vertreter der Hirschfamilie.
Andere Hirsche: Rentier, Rothirsch, Dammhirsch.
Hier leben sie: Nordamerika, Nordeuropa und Asien.
Davon ernähren sie sich: Pflanzen aus dem Wald und dem Wasser.
Größe: Über drei Meter lang.

Rote Waldameise
Familie: Es gibt fünfzehntausend verschiedene Arten von Ameisen.
Hier leben sie: Ameisen gibt es auf der ganzen Welt, mit Ausnahme der Polargebiete.
Davon ernähren sie sich: Pflanzen und andere Insekten.
Besonderheiten: Waldameisen können das 30-fache ihres eigenen Gewichts tragen.

Baumfrosch
Familie: Er gehört zu den circa sechshundert verschiedenen Laubfroscharten.
Hier leben sie: Nordamerika, Südamerika und Europa.
Davon ernähren sie sich: Vorbeifliegende Insekten.
Größe: Bis zu acht Zentimeter.
Besonderheiten: Baumfrösche können die Hautfarbe wechseln um sich zu tarnen.

Specht
Familie: Zu den Spechten gehören zweihundert verschiedene Arten.
Andere Spechte: Elfenbeinspecht, Kleinspecht, Goldschwanzspecht.
Hier leben sie: Überall auf der Welt, außer in Australien und Madagaskar.
Davon ernähren sie sich: Insekten, Früchte, Nüsse und Eicheln.
Besonderheiten: Eine lange, klebrige Zunge, mit der sie Larven aus Löchern in Baumstämmen holen.

Fichtenkreuzschnabel
Familie: Fichtenkreuzschnäbel gehören zu den Finken.
Andere Kreuzschnäbel: Kiefernkreuzschnabel, Bindenkreuzschnabel.
Hier leben sie: Asien, Europa und Nordamerika.
Davon ernähren sie sich: Fichtensamen, Pflanzenschößlinge, Knospen und Insekten.
Größe: Etwa siebzehn Zentimeter.

Stichwörter